Upražnjavajte duhovne vrednosti i spasite svet

Govor koji je održala
Šri Mata Amritanandamaji

Povodom inauguracije proslave
u čast 150 godina od rodjenja
Svami Vivekanande

Sirifort Auditorium, New Delhi
11. Januar 2013

Mata Amritanandamayi Center, San Ramon
Kalifornija, SAD

Upražnjavajte duhovne vrednosti i spasite svet

Govor koji je održala Šri Mata Amritanandamaji
Povodom inauguracije proslave u čast 150 godina
od rodjenja Svami Vivekanande
"Sirifort Auditorium, New Delhi"
11. Januar 2013

Preveo na engleski : Svami Amritasvarupananda

Izdavač :
  Mata Amritanandamayi Center
  P.O. Box 613, San Ramon, CA 94583
  Sjedinjene Američke države

—— *Practice Spiritual Values and
Save the World (Serbian)* ——

Copyright © 2014, Mata Amritanandamayi
Mission Trust, Amritapuri, Kerala 690546, Indija.
All rights reserved

Prvo izdanje MA Center na srpskom, april 2016

U Srbiji :
  amma-srbija.org
  kontakt@amma-srbija.org

U Indiji
  www.amritapuri.org
  inform@amritapuri.org

रक्षा मंत्री
भारत
MINISTER OF DEFENCE
INDIA

Ministar odbrane, Indija.
Februar 15, 2013

Predgovor

Od svih apostola indijske duhovne i kulturne renesanse 19. veka, bez sumnje Svami Vivekananda je bio najveći. Sa poštovanjem i ponosom ukazujemo na plemenitu misiju kojoj se mudri Indijac posvetio: Preneti poruku univerzalnog bratstva, harmonije medju religijama i mirnodopske saradnje medju zajednicama i nacijama. Religija je velika snaga koja ujedinjuje, i sve religije su nastale sa plemenitim idealom: Pružiti svima svetlost znanja, društvenog napretka i Ostvarenje Sebe. Svami Vivekananda je bio svestan toga, i to su bile ideje za koje se on borio. Svakako, putevi su različiti, ali je krajnji cilj isti. Tako postoji jedan zajednički ritam svih religija koji je duboko ukorenjen u ljubavi, u saosećanju, i u odanosti. Ako razumemo šta je u srcu tog ideala i ako oblikujemo naš život u skladu sa učenjem koje je predstavljeno kroz religiju, tada ne možemo drugačije učiniti osim da poštujemo svaku individuu, bez obzira na njenu kastu, religiju, i poreklo. Ljubav i briga za našu braću, ljudska bića, je mantra koja širi mir i harmoniju.

Svami Vivekananda, talentovan govornik čija je prisutnost nadahnjivala, postao je univerzalni simbol strastvenog entuzijazma. Njegova poruka je bila indijska duhovnost, suština indijske filozofije, pojednostavljene i prilagodjene tako da bude korisna celom svetu. Podučavao je religiju koja prevazilazi strah i ohrabrivao je mlade da se probude, da krenu putem duhovnosti i da se ne zaustave pre nego što stignu do krajnjeg cilja.

Mata Amritatanandamaji, poznata u celom svetu kao Amma, odaje počast od sveg srca, Svami Vivekanandi, povodom 150. godišnjice njegovog rodjenja. Amma objašnjava suštinu učenja Svami Vivekanande, ilustrujući ga kroz primere iz svakodnevnog života. Amma

Predgovor

nas ohrabruje da gajimo unutrašnju čistotu i vitalnost, da čuvamo naše vrednosti, da odstranimo blato svireposti koje prekriva naše srce, da pripojimo plodove naše antičke kulture, naših znanja, da sledimo put *dharme*, da vodimo život koji ima smisla i da ga živimo bez straha. Kao Svami Vivekananda, Amma nas podstiče takodje da zaštitimo prirodu i očuvamo ekološku ravnotežu za dobrobit svih nas.

Nije potrebno da predstavljam Ammu. Upoznao sam je sredinom 90. godina, dok sam bio prvi ministar u Kerali, kada je i počela naša saradnja. Ja sam veoma zainteresovan i duboko dodirnut društvenim radom koji je Amma organizovala i postavila na noge, njenim angažovanjem za dobrobit društva, a naročito za najsiromašnije koje pomaže i ohrabruje. Amma je veoma mnogo doprinela da se unaprede školstvo i zdravstvo. Amma širi jevandjelje ljubavi i univerzalnog bratstva, i to je poruka koju pronosi po celom svetu. Amma je bez sumnje najkvalifikovanija osoba koja može da nam prenese dragocenu i prosvetljenu poruku za 150. godišnjicu rodjenja Svami Vivekanande.

(A.K. Antony)

A.K. Antoni, Ministar odbrane, Indija.

|| Om Amritešvaryai Namah ||

Uvod

12. januara 2013. obeleženo je 150. godina od rodjenja Svami Vivekanande, dinamičnog sanijasija iz Kalkute, čuvenog po tome što je doneo plamen Indijske duhovnosti na Zapad i što je nadahnuo religiozne reforme i duhovnu obnovu u svojoj rodnoj zemlji. Proslava nije obeležena samo tog dana, već je time označen početak proslave koja se odvijala cele godine, u čitavoj Indiji, od Kašmira do Kanijakumarija i od Gudjarata do Orisa. Zapravo, onako kako je Svami Vivekananda sam proputovao ceo svet, tako i proslava 150. godišnjice njegovog rodjenja nije bila ograničena samo na Indiju, već se dogadjala u celom svetu.

11. januara 2013, komitet Svami Vivekananda Sardasati Samaroh je organizovao ceremoniju u auditorijumu Sirifort u Nju Delhiju, što je predstavljalo inauguraciju čitave godine komemoracije. Na zahtev članova komiteta, Sri Mata Amritanandamaji, naša voljena Amma, održala je inauguralni

govor. Auditorijum Sirifort je bio ispunjen do poslednjeg mesta, indijska elita je bila okupljena : političari, socijalni radnici, vaspitači profesori, duhovni učitelji, religiozni lideri i puno drugih koji su posvetili svoj život Indiji i njenom razvoju.

Amma je počela svoj *satsang* odajući počast Svami Vivekanandi, biću koje je otelotvorenje unutrašnje čistote i vitalne akcije, biću čiji su život i poruka imali moć da upale plamen duhovnosti u srcima ljudi. Medjutim, Amma je brzo primetila da je, sa njene tačke gledišta, Indija pala mnogo niže od vizije koju je Vivekananda imao za svoju zemlju. "Mi smo možda naučili da letimo kao ptice, da plivamo kao ribe, ali smo zaboravili da živimo kao ljudska bića", kaže Amma. "Izgleda da treba da ponovo naučimo tu veštinu. Ali, kako da to postignemo? Jedina mogućnost je da proučavamo sami sebe. Potrebno je da sami sebe podvrgnemo samo-preispitivanju. Zasto? Zato što se srž problema koji vidimo u današnjem svetu ne nalazi ni u prostoru, ni u vetru, ni u godišnjim dobima, ni u prirodi ili u životinjama. Suština problema se nalazi u nama samima, u ljudskom biću, u našem razumu i mentalnom sklopu."

I tokom sledećih četrdeset minuta svog izlaganja, Amma je ukazala na izvor mnogobrojnih problema u Indiji : gradjani su zanemarili svoju staru kulturu i duhovnu tradiciju, nije im više bliska, ne čuvaju je; nisu vodili računa da svoje živote zasnuju na univerzalnim vrednostima na kojima se zasniva i ta kultura. Ammine reči su bile direktne i daleko od apologije. "U suštini, mnoge teškoće sa kojima se susreće *Santana Dharma* bile su prouzrokovane nama samima. Možemo da okrivljujemo druge, da navodimo posledice mondijalizacije, 'invaziju' stranaca i drugih religija, koji verovatno imaju jedan deo odgovornosti, ali koji nikako nisu glavni uzrok. Osnovni uzrok je naša nemarnost : zapustili smo našu kulturu neprocenjive vrednosti, zaboravili smo da je štitimo i volimo. Još preciznije : nismo imali hrabrosti da to uradimo. Mi smo sami iskopali grob u koji ova kultura, toliko široka i tolko stara, može biti sahranjena."

Iako je slika koju je Amma predstavila bila dosta sumorna, njen govor ni u kom slučaju nije bio fatalistički. "Još uvek nije kasno" rekla je Amma, "Ako iskreno pokušamo, još uvek možemo da oživimo *dharmu*. Kako možemo da zaštitimo *dharmu*? Jedini način je da obratimo pažnju na nju. Jedino kroz čuvanje i praksu, svaka kultura može da opstane."

U stvari, Ammin govor je bio kao nacrt jedne reforme u Indiji, nacrt koji je uzeo u obzir potrebu holističke transformacije, ne zaboravljajući da istakne ključne brige poput nedostatka duhovne svesti kod mladih Indijaca, potrebu za očuvanjem sredine i njenih prirodnih potencijala, potrebu za medjureligioznim prihvatanjem i tolerancijom, potrebu za zaštitom duha mladih ljudi i dece, koji mogu biti isuviše podložni uticaju veoma eksplicitnih slika i materijala, potrebu da se ohrabre mladi i stari da razviju saosećanje i osećaj za dobročinstvo prema drugima.

Amma je završila svoj govor jednom molitvom : " Indija treba da se uzdigne" rekla je. "Glas saznanja, ostvarenja Sebe i stare reči naših *rišija* treba ponovo da isplivaju na površinu i da odjeknu ponovo u celom svetu. Da bismo to postigli, moramo raditi ujedinjeni.

Neka ova zemlja, koja je pokazala i učila ceo svet pravom značenju reči prihvatanje i dalje ostane čvrsto utemeljena u toj vrlini. Neka se truba *Santane Dharme* ponovo začuje širom sveta i svečano najavi duhovni preporod. Svami Vivekananda je bio kao duga koja se pojavila na obzorju ljudskog roda kako bi nam pomogla da shvatimo lepotu i vrednost života ispunjenog akcijom koja je protkana saosećanjem i meditacijom. I tako, neka divan san ljubavi, neustrasivosti i ujedinjenosti, koji je Svami Vivekananda sanjao, postane realnost."

Na kraju govora, odjeknuo je gromoglasni aplauz. Svi okupljeni u auditorijumu su razumeli da to biće koje je lično otelotvorenje indijske kulture, daje zemlji uputstvo i program za njeno ozdravljenje. Plan reforme za promene nam je dat. Sada je na nama da ga i ostvarimo.

Svami Amritasvarupananda Puri,
Potpredsednik
Mata Amritanandamaji Math

Upražnjavajte duhovne vrednosti i spasite svet

Amma se poklanja ovde ispred svih vas zajedno, koji ste svi otelotvorenje čiste ljubavi i najuzvišenije svesti.

Pre svega, Amma želi da izrazi ogromnu radost koju oseća zato što učestvuje u proslavi u čast 150. godišnjice od rodjenja Svami Vivekanande. Kroz 150 godina život i poruka Svami Vivekanande će imati podjednaki značaj kao i danas. Njegov život i njegova poruka će nastaviti da inspiriše ljude, jer Svami Vivekananda je bio biće čiji je karakter bio savršena kombinacija mentalne čistote i vitalnosti.

"Prihvatite se jedne ideje. Neka ta ideja postane vaš život - mislite na nju, sanjajte je, živite za nju. Neka vaš mozak, mišići, nervi, i svaka ćelija u vašem organizmu bude prožeta tom idejom i napustite sve ostale. To je put uspeha, tako se radjaju duhovni velikani." Ovo je bio Svami Vivekanandin brilijantni poziv svetu. Njegove reči imaju moć da probude duhovni potencijal, neodvojiv od ljudskog roda, moć da ga zapale i da pretvore taj plamen u pravi šumski požar. Mi danas živimo u svetu koji svoju veru plasira u trenutno zadovoljenje, stalno tražeći zeleniju travu koju vidi u komšijinom dvorištu. Ako duboko proniknemo u reči Svami Vivekanande, one mogu da nam pomognu da se ostvari mirna i divna promena, prava duhovna revolucija. Ne radi se o spoljasnjoj, već o unutrašnjoj revoluciji, baziranoj na vrednostima.

Sa materijalne tečke gledišta, čovečanstvo brzo napreduje, osvajajući vrhove uspeha jedan za drugim. Čovečanstvo je danas uspelo da ostvari mnogo toga što je u jednom trenutku izgledalo nemoguće, čak i nazamislivo. Medjutim, nijedan od tih uspeha nema moć da ukloni ni jednu malu blatnjavu parcelu surovosti koje se nakupilo u srcu ljudi. Taj sloj blata je postao toliko debeo da je doveo čovečanstvo na rub propasti.

Mi smo možda naučili da letimo kao ptice, da plivamo kao ribe, ali smo zaboravili kako da živimo kao ljudska bića. Izgleda da tu veštinu moramo ponovo da naučimo. Ali kako da to postignemo? Jedina mogućnost je da proučavamo sami sebe. Treba sami sebe da podvrgnemo samo-preispitivanju. Zasto? Zato što se srž problema koji vidimo u današnjem svetu ne nalazi ni u prostoru, ni u vetru, ni u godišnjim dobima, ni u prirodi ili u zivotinjama. Suština problema se nalazi u nama samima, u ljudskom biću, u našem razumu i mentalnom sklopu.

U ljudskoj prirodi je da stvara probleme i da se posle koprca na sve strane da bi pokušala da ih reši. Danas, mi imamo saznanja ali uopšte nemamo svesti. Mi imamo informacije ali nemamo *viveka*[1]. Mi naravno znamo, da imamo glavu, ali postajemo svesni te činjenice tek kada dobijemo migrenu.

Sigurno znate priču o čoveku koji je popio lek i tek posle primetio da na flašici piše "promućkati pre upotrebe". Kad je shvatio da nije ispoštovao uputstvo, malo je razmislio, a onda je počeo da skače na sve strane i da se trese koliko god je mogao.

---

[1] *Viveka*, moc razmišljanja sa rasudjivanjem, kapacitet ličnog prosudjivanja

Kao i čoveku iz ove priče, i nama se često dogadja da želimo da popravimo naše propuste ali onda kad je već kasno.

U suštini, mnoge teškoće sa kojima se susreće *Santana Dharma* bile su prouzrokovane nama samima. Možemo da okrivljujemo druge, da navodimo posledice mondijalizacije, 'invaziju' stranaca i drugih religija koji verovatno imaju jedan deo odgovornosti, ali koji nikako nisu glavni uzrok. Osnovni uzrok je naša nemarnost: zapustili smo našu kulturu neprocenjive vrednosti, zaboravili smo da je štitimo i volimo. Još preciznije : nismo imali hrabrosti da to uradimo. Mi smo sami iskopali grob u koji ova kultura, toliko široka i tolko stara, može biti sahranjena.

Još uvek nije kasno. Ako iskreno pokušamo, još uvek možemo da "oživimo" *dharmu.* Kako možemo da zaštitimo *dharmu?* Jedini način je da obratimo pažnju na nju. Jedino kroz očuvanje i praksu, svaka kultura može da opstane. Amma ne traži od vas intenzivnu duhovnu strogost, već da malo upražnjavate *dharmu*, u skladu sa sopstvenim mogućnostima. Gospod Krišna je rekao : "Na ovom putu nema gubitka.

Čak malo upražnjavanja ove *dharme* može vam pomoći da prevazidjete vaše najdublje strahove."[2] Put *dharme* je jedini put na svetu na kom nema rizika od neuspeha.

Nema većeg straha od straha od smrti. Trebalo bi da imamo hrabrosti da zaštitimo naše nasledje koje dolazi iz vremena Veda, tako što ćemo se prožeti njegovom mudrošću koja nas uči čak i kako da prevazidjemo strah od smrti. Misao "ja sam nesposoban da to uradim" treba da ustupi mesto misli "Ta čista svest, to Ja koje postoji u meni, jedino Ono može to da uradi". To je naročito važno kada je reč o mladima, jer će upravo oni preneti učenje našeg nasledja dalje tokom budućih vremena.

"Nekoliko svesrdnih, iskrenih i energičnih žena i muškaraca mogu da postignu više za godinu dana nego gomila ljudi u toku celog stoleća." Sećajte se ovih reči Vivekanande. On je takodje rekao : "Zemlja pripada herojima. To je prava istina. Budite heroji. Uvek recite : 'Ne plašim se'. Kažite svima : 'Ne plašite se' ".

---

[2] "Nehabhikramanaso'sti pratyavayo na vidyate |
svalpamupasya dharmasya trayate mahato bhavat ||
Bhagavad-Gita, 2.40

Prokletstvo zajednice Hindu, danas, je strah, strah Hindusa da upražnjavaju svoju religiju. Zaboravivši Veda Mata, Deša Mata, Deha Mata, Prakriti Mata i Djaganmata[3] ovaj strah ih je gurnuo u najdublji mrak. A suština *Santana Dharme* je odsutnost straha. Strah čini život jednakim smrti, on umanjuje snagu naših akcija. On pretvara naš razum u slugu egoizma i zla. Izvor tog straha je u osećanju "Ja sam slab". Taj osećaj dolazi iz neprepoznavanja beskrajne moći koja počiva u nama.

Jednom, dok je neki kamion prolazio kroz selo, nekako mu se zapalio motor. Vozač brzo iskoči napolje, dodje do telefonske govornice i pozva vatrogasce. Medjutim, dok su vatrogasci stigli, ceo prednji deo kamiona je već bio izgoreo. Kad su podigli pokrivač da vide šta je kamion prevozio, bili su veoma iznenadjeni videvši da su teret činili protivpožarni aparati. Da je vozač bio upućen u to šta prenosi, velika šteta je mogla biti izbegnuta. Na isti način, zbog našeg straha, mi često ne uspevamo da ispoljimo latentnu, prikrivenu moć koja

---

[3] 5 majki : Majka Veda, rodna zemlja, biološka majka, Majka Priroda i Majka Zemlja.

je u nama. Pod uticajem straha naš razum se skupi, sparuša. Postaje kao osušeni izvor. Strah ograničava naš svet na jednu malu ćeliju mraka, kao svemir jedne kornjače koja se povlači u svoj oklop kad vidi nekog predatora. Naš razum postaje mali kao glava čiode. Mi gubimo naš *atma shakti*[4].

Sa druge strane, neustrašiv um je prostran koliko i nebo.

Amma ne bi rekla da je strah bez odredjene svrhe. On ima prirodnu i korisnu funkciju. Ako, na primer kuća počne da gori, bilo bi glupo da pokažemo neustrašivost i da ostanemo unutra. Amma jedino hoće da kaže da ne bi trebalo da postanemo robovi straha.

Radjanje i smrt su dve važne karatkeristike života. Oni se odigravaju bez naše dozvole, i bez uzimanja u obzir i jedne od naših potreba. Ako je život kao most, radjanje i smrt predstavljaju njegove krajnje tačke, koje podupiru most i sačinjavaju njegove temelje.

---

[4] Od reči do reči: "moć Sebe". Ovi termini označavaju poverenje i unutrašnju snagu koju mozemo da stvorimo razumevanjem naše prave prirode koja je besmrtna i bez ikakvog ogranicenja.

Mi nemamo nikakvu kontrolu nad tim dvema osnovnim komponentama- radjanje i smrt- koje su potpora života. Mi to u potpunosti zanemarujemo. Pa onda, kako možemo logički tvrditi da središnji deo, koji mi nazivamo "životom", pripada nama?

Slično tome, detinjstvo, adolescencija, mladost i starost ne traže našu dozvolu da dodju i da odu. One se jednostavno dogode. Prepoznajte tu realnost i upražnjavajte aktivnosti koje "uzdižu" i nas kao individuu i društvo kao skup svih nas.

Svami Vivekananda je jednom rekao "Pošto je smrt sigurna, bolje je da se žrtvujemo iz dobrog razloga." Tim idealima, koji su suština *Santana Dharme*, treba učiti naše mlade. Što se nas tiče, budimo primeri za njih i primenjujmo te ideale u našim životima. Ako se mladi probude, nacija će se probuditi, svet će se probuditi. Medjutim, čini se da su mladi danas žrtve jedne velike epidemije. Amma ne želi da generalizuje- neki mladi imaju drugačiju viziju života i zreliji su- ali velika većina mladih izgleda kao da se interesuje samo da uživa u ujuljkanom životu. Oni smatraju da su ideje kao duhovnost, ljubav za naciju i svetost, potpuno smešne. "Primitivno! Nije to za nas. To je za stare i lenje". Kažu oni. U stvari, baš ti koji se podsvemaju drugima i koji zadirkuju druge, baš su oni prave lude. Oni koji su sposobni da vide svoje lične slabosti i nedostatke, i da im se podsvemaju, poseduju moć rasudjivanja (*viveka*). Pomozimo mladima da razviju tu sposobnost.

U stvaranju postoje samo dva dela : *atma* i *anatma* – "Ja" i sve ono sto nije "Ja". Generalno, nismo baš previše zaintresovani da naučimo o nama samima. Uglavnom se interesujemo za predmete i situacije iz spoljašnjeg sveta.

Jedan čovek stiže na granicu izmedju dve zemlje. Vozi motor. Pozadi, na motoru, privezane su dve velike kese. Carinik ga zaustavi i pita "Šta se nalazi u kesama?"

"Samo pesak", reče čovek.

"A zaista? Pa, sad ćemo mi to da vidimo. Sidjite sa motora." I on uze vreće i prospe sadržaj na zemlju, ali kao što se moglo očekivati, nije bilo ničega osim peska. Uprkos svemu, fukcioner odluči da stavi čoveka u zatvor za jednu noć, vreme neophodno da

se izvrse analize peska i da se vidi da li sadrži tragove zlata, droge ili eksploziva. Ali, ništa ne nadjose osim peska. Pošto nije imao izbora, carinik je oslobodio čoveka i pustio ga je da predje granicu na njegovom malom motoru i sa vrećom peska.

Nedelju dana kasnije, ista priča. Ponovo carinik zadrži coveka preko noći, i ujutru ga pusti da ode na svom malom motoru sa dve vreće peska. Tokom sledećih meseci, ista priča se ponavljala u nedogled.

Konačno, više meseci je prošlo, a čovek se uopšte nije pojavio da predje granicu. I onda, jednog dana carinik primeti čoveka za stolom u jednom restoranu, na drugoj strani. I kaže mu "Znam dobro da švercujete nešto. Samo, ne znam šta. I to me ubija. Ne mogu više ni da spavam. Znam da nešto ne štima ali ne mogu da nadjem šta!? Medju nama, kažite mi zašto švercujete stari pesak koji nema uopšte nikakvu vrednost ?" Pijuckajući svoj napitak, čovek mu kaže smeškajući se "Gospodine cariniku, nije pesak bio švercovan, nego mali motori koji su bili kradeni."

Potpuno preokupiran vrećama, carinik nije obratio pažnju na ono što je bilo očigledno: na motore. Slično tome, pošto smo stalno skoncentrisani na spoljašnost, mi gubimo iz vida nas same. Zbog toga, iako je važno da razumemo prirodu spoljašnjeg sveta, treba takodje da razumemo ko smo mi.

Danas ima mnogo ljudi koji uče joga *asane*[5] da bi bili lepši i snažniji. To je moda kod mladih, ali oni ne shvataju osnovni princip, neprocenjivo blago koje je u osnovi joge.

Kosmička sila koja stvara i organizuje svemir tako da funkcioniše sa lakoćom, dala je ljudskim bićima neku vrstu uputstava. Ta uputstva su nazvana *dharma*. *Dharma* ima odredjeni ritam, ton i melodiju. Kada ljudska bića više ne misle i ne reaguju u skladu sa *dharmom*, onda je izgubljena ravnoteža u ljudskom umu i u prirodi. U našoj zemlji, većina problema je prouzrokovana time sto preovladjujući način mišljenja i način života, ne uzimaju u obzir našu staru kulturu. Potrebno je da naši mladi postanu svesni toga. Ako mladi hoće da njihove želje i snovi budu

---
[5] Asana je osnovna poza u jogi

ispunjeni, za to su potrebni ogromna moć, blagoslov svemira, kao i snaga prirode da ih podrži i zaštiti.

Naši mladi nisu "dobri ni za šta", nego su "dobri za sve". Oni nisu "nemarni" nego su "zanemareni". Budućnost Indije i celog sveta je u njima. U njima se nalazi izvor snage koji treba upotrebiti da bi probudili naše društvo. Ako se probude, naša budućnost je sigurna. U suprotnom, sklad izmedju ljudskog života i čitavog svemira će biti narušen.

Jednoga dana, mladić od oko 25 godina stigao je u naš Ašram. Kačket je nosio naopačke, i stavio je sandalovu tačku na čelo. Obratio se našem najstarijem *sanijasiju*[6] i pitao ga : "Čiko, gde je kuhinja Ašrama ?". Sanijasi je bio malo zatečen ali bez neke reakcije, jednostavno pokaza prstom put prema kuhinji. Posle izvesnog vremena, mladić izadje iz kuhinje i Sanijasi ga pozva. Upita ga ljubazno : "Sine, kako se zoveš ?", "Djnanaprakas", odgovori on. (Sanijasi mora da je pomislio, "njegovi roditelji su mu bili dali dobro ime,

---

[6] Kaludjer

Djnanaprakas, što znači 'svetlost znanja'. Kako to da on ne pokazuje nikakvu svetlost?")

Onda Svami zapita mladića "Sine, kako zoveš nekog ko nosi belo odelo i stetoskop u jednoj bolnici?".

"Doktor" odgovori mladić.

"A kako zoveš osobu koja nosi crn sako i kravatu u sudnici?"

"Advokat" kaže on.

"Zar ne znaš da se, isto tako, onome ko nosi narandžasto odelo u ašramu, obraćamo imenom Svami?" upita on.

Mladić je ćutao nekoliko trenutaka. Onda je brzo odgovorio "Pa, izvini čiko".

Sanijasi nije mogao da se suzdrži da se ne nasmeje. Mladić je bio Hindu, verovao je u Boga, i imao je izvesno obrazovanje. Ali ipak, nije poznavao svoju sopstvenu kulturu. Ova anegdota otkriva tužnu istinu : mlada generacija nema svest o vrednosti i veličini svoje zemlje, poznate kao sveta zemlja *rišija*[7] , zemlja koja je isijavala zlatnu svetlost duhovnosti ka celom svetu.

---

[7] Stari mudraci

Kako se ovo dogodilo? Kako da usadimo mladoj generaciji najosnovnije poznavanje njene kulture? Naša kultura Vede je bila zvezda vodilja za ceo svet. Medjutim, sada je u krizi. Neophodno je da zaštitimo našu kulturu. Za to su nam potrebne rešenost i spremnost da uložimo malo napora, a tada će *Dharma* da zaštiti samu sebe. Mi moramo da pokrenemo taj napor na ovom mestu, upravo sada. Ali da bismo uspeli, naše državne institucije treba da razviju viziju sveta koja bi se zasnivala na duhovnim vrednostima i da skladno rade kako bi poboljšale vladu. Ovo nas podseća na *upanišad* mantru kojoj je bio toliko privržen Svami Vivekananda : "Ustanite, probudite se i ne zaustavljajte se pre nego što stignete do cilja[8]."

Naša mentalna i intelektualna moć su ograničene. Nihova vitalna snaga je kratkog veka i jednog dana će presušiti. Zato je rečeno da treba da plasiramo našu veru u *atma šakti*. Upravo ovo je budjenje na koje se odnosi ta čuvena mantra. Nemoguće je razviti potpunu

---

[8] "Uttishthata jagrata prapya varannibodhata"
Katha Upanishad, 1.3.14

veru u jednom momentu, ali ako reagujemo sa osećanjem napuštanja samog sebe (misli se na napuštanje ega, *prim prev.*) onda dobijamo unutrašnju snagu i napredujemo pravo prema cilju.

Naši neprijatelji nisu spolja, oni su u nama. Mi smo sopstveni neprijatelj. Naše neznanje, način na koji smo postali robovi sopstvenih želja i opšti nesporazum po pitanju prirode života, sve su to slabosti koje nas ograničavaju.

Jednom je učitelj pitao svoje učenike : "Deco, koliko zvezda vidite na nebu ?"

Jedno dete odgovori "Hiljade i hiljade", drugo "Milione",
treće dete je reklo "Milijarde".

I na kraju, najmladji učenik kaže "tri".

"Samo tri zvezde vidiš!?" upita ucitelj. "Zar nisi čuo svoje drugove koji kažu hiljade i milijarde? Dete, kako ti vidiš samo tri zvezde na nebu?"

Dečko odgovori : "To nije moja greška, prozor na mojoj sobi je stvarno mali!"

Dečko je mogao da vidi samo mali deo neba ograničen prozorskim okvirom. Slično tome, mi smo ograničeni svojim slabostima. Da bismo ih prevazišli, naši postupci moraju biti čvrsto utemeljeni na shvatanju duhovnosti.

Kali Juga[9] je vreme akcije. Postupati i raditi sa čvrstom namerom da se, zahvaljujući našim postupcima postigne duhovni cilj - to je najviša moguća forma isposništva i ozbiljnosti koju možemo upražnjavati u *Kali Jugi*. Ovo nam pomaže u tome da na životne situacije reagujemo mudro, a ne emotivno. U suštini, naš život u tom slučaju, postaje vodjen *vivekom*.

Kako kaže Svami Vivekananda, "Ateist je onaj ko ne veruje u samoga sebe. Verovati u sebe samog znači verovati u beskrajnu moć naseg unutrašnjeg bića - Sebe."

Postoje tri oblika ljubavi koji bude ovu unutrašnju moć : ljubav prema sebi, ljubav prema Bogu i ljubav prema svemu stvorenom. Ljubav prema sebi samom ne označava egocentričnu ljubav koja potiče iz ega. Ona znači da se voli život; to je sagledati ljudski život kao takav, sa svim njegovim uspesima i neuspesima, videti ljudsko rodjenje kao

---

[9] "Kali Yuga" – četvrti od četiri vremenska ciklusa, Kali Juga je "vreme materijalizma", vreme u kojem *dharma* nije puno upražnjavana.

Božiji blagoslov; ona znači da se voli božanska moć koja je prisutna u nama. Ta ljubav raste i pretvara se u ljubav prema Bogu. Ako su prisutna ova dva oblika ljubavi, tada će se treći oblik ljubavi, ljubav prema svemu stvorenom spontano ispoljiti.

Dom je izvor naših i dobrih i loših osobina. Skoro sve što utiče na mentalno zdravlje deteta, dolazi iz njegovog bliskog okruženja. Kada napuni osam ili devet godina, dete već ima formirano 70% mentalne strukture. Osoba može da živi 80 ili 90 godina, ali do desete godine je već naučila najvažnije lekcije. Posle toga, nauči se još preostalih 30%, i to učenje se gradi na osnovama snage i slabosti koje su razvijene tokom detinjstva. Da bi se sagradio soliter, prvo je potrebno izgraditi jake temelje. A zrelost je ustvari kapacitet da nastavimo da učimo celog života. Ona ne dolazi sa godinama, već sa nesebičnošću i stavom prihvatanja, koji je potpuno oslobodjen od predrasuda.

U medicini se svakodnevno otkrivaju nove tehnologije i nove bolesti. Lekar stalno mora da prati najnovija naučna dostignuća u medicini. On ne može da kaže :" Pa, ovako je bilo pre 20 godina, danas ne može biti ni malo drugačije."

Tačno je da ako imamo materijalni cilj, treba da prikupimo informacije o spoljašnjem svetu. Medjutim, ako zasnujemo život samo na tim informacijama, naš ego raste. Naši životi, a naročito životi mladih danas, su prožeti nepotrebnim informacijama. Naša omladina veruje samo u telo i um. Takav način razmišljanja čini ljude sličnim mašinama i sebičnim. Zapravo, zahvaljujući informacionim tehnologijama, naša omladina zna više o svetu nego odrasli.

Želeći da sa svojim sinom razgovara nasamo, otac je poveo svog sina, učenika sedmog razreda, do sobe i zatvorio vrata. Gledajući svog sina u oči, rekao je : "Sine, ti sada imaš 12 godina. Kad čitam i čujem price o tome šta dečaci u tvojim godinama danas mogu da urade, okrene mi se u stomaku. Želim da razgovaram sa tobom o nekim stvarima u životu". Ne trepnuvši, dečak odgovori : "Naravno tata, šta hoćes da znaš ? Sve ću ti reći."

Drevni *rišiji* su jos u davnim vremenima shvatili, kroz iskustvo, da je substrat sveg znanja čista svest koja postoji u nama. Mi treba da harmonično povežemo to razumevanje sa dostignućima savremene nauke. Sledeća generacija bi apsolutno morala da shvati potrebu za tom neophodnom harmonijom. U suprotnom ova zemlja, kolevka duhovne misli, biće prisiljena da gleda mladu generaciju koja raste i sazreva verujući da život nije ništa više od seksa, droge i novca.

Svami Vivekananda je rekao : "Voleo sam iskreno moju zemlju pre nego što sam otišao u Sjedinjene Američke Države i Englesku. Nakon povratka, svaka čestica ove zemlje mi se čini sveta." Posle skorašnjeg tragičnog dogadjaja koji se nedavno desio u Delhiju, mnoge Indijske gradjane je sramota da kažu da su Indijci[10]. Naše vrednosti, naš smisao *dharme*, požrtvovanje i saosećanje naših svetaca i mudraca - to je ono što je Svami Vivekanandi

---

[10] Amma govori ovde o mladoj studentkinji, od 23 godine, koja je umrla posle grupnog silovanja u Deliju, u decembru 2012.

bilo najdraže i što je najviše negovao u svojoj domovini.

Svet jedne obične osobe je usmeren na njen dom, na bračnog druga i na njihovu decu, ali oni koji žele da svoj život posvete služenju drugima, pomeraju te granice, nesebično nudeći svoj život za dobrobit zemlje. Oni koji su postigli vrh duhovnosti, i koji su uspostavili stanje *avaita*[11], vide čitav svet kao svoju porodicu. Za njih su i nebo i pakao podjednaki. Takva bića pretvaraju pakao u raj. Ova vizija jedinstva je put ka pozitivnoj promeni.

Univerzitet koji vodi naš Ašram ima 5 kampusa. Jedna grupa studenata je nedavno dosla kod Amme da joj kaze da vise ne žele da nose školske uniforme. Amma ih je pitala : "Da li je pravi cilj obrazovanja jedino dobijanje diplome, dobrog posla i puno para ? Ne. Radi se o dobijanju saznanja i vrednosti, i razvijanju stanja duha saosećanja prema svima." Amma je studentima dala primer vezan za dogadjaje sa jednog drugog univerziteta, gde nošenje školske uniforme nije bilo obavezno. Na

---

[11] Razumevanje da su : jedna individua, Bog i Svemir, "ne dva" nego jedno u svojoj sustini.

jednom od fakulteta mnogi studenti su morali da uzmu velike kredite ili pozajmice da bi platili studije, tako da je njihov licni budžet bio veoma mali. Kad su videli da njihovi drugovi sa godine nose veoma skupu odeću, koja je poslednji krik mode, želeli su da se i oni tako oblače. Kod nekih od tih studenata se stvorio kompleks niže vrednosti jer nisu mogli sebi da priušte tako skupu garderobu. To ih je nagnalo da novac zarade prodajom droge, čak i svojim drugovima sa godine. Zbog toga, mnogi od njih su postali zavisnici, neki su počeli da kradu, dok su neki izvršili samoubistvo.

Jedan student sa nekog drugog fakulteta, koji je bio veoma siromašan i koji je očajnički želeo da bude kao i drugi, poslao je Ammi jedno alarmantno pismo iz zatvora. Rekao je da je pokušao da ukrade zlatnu ogrlicu od jedne žene i da ju je pritom nesrećnim slučajem, ubio.

Amma je pitala studente : "Sada mi kažite, da li hoćete da stvorite situaciju u kojoj drugi studenti mogu da naprave loš izbor ili ipak više volite da nastavite da nosite školske uniforme?" Shvatajući značaj poštovanja osećanja dugih, studenti su jednoglasno odgovorili da više vole da nose školske uniforme.

Potrebno je da shvatimo jedinstvo koje je u osnovi svih različitosti. To će nam pomoći. Iako možemo videti hiljadu odraza sunca u hiljadu ćupova punih vode, postoji samo jedno sunce. Kad budemo uvideli da je svest koja je u svakome od nas ista i jedinstvena, bićemo u mogućnosti da razvijemo um koji prvo poštuje potrebe drugih, a potom naše. Na primer, ako nam je potreban sat, sat od 50 rupija će pokazivati vreme isto kao i sat od 50 000 rupija. Ako kupimo jeftiniji sat i upotrebimo preostali novac da pomognemo siromašnima, učinićemo mnogo za naše društvo.

Sve što je stvoreno poseduje život i svest. Kako dokazati tu veliku istinu? Ni reči, ni razum, ni intelekt to ne mogu − svi su ograničeni. Ljubav je najstarija a u isto vreme i najmodernija vodilja. Samo ljubav može da uzdigne ljudski razum iz najdubljeg dna, sve do beskrajnog carstva u Sebi. Štaviše, ljubav je jedini jezik koji sve što je stvoreno može da razume : univerzalni jezik srca.

Ljubav, blagoslov, milost i saosećanje su ustvari sinonimi za reč "Bog". Ove vrline i Bog nisu množina već su jedno. Ova milost, ovaj blagoslov je prisutan svugde, u svakom atomu. Kad upražnjavamo *dharmu* pažljivo i otvorenog srca, moć i milost nas ispunjavaju.

Kad riba radosno pliva u moru, ona zaboravi na more, ali kad je izbačena na topli pesak, odmah ga se seti. Medjutim, ne postoje obale udaljene od Boga, na koje bismo mogli biti izbačeni jer je Bog beskrajni okean, bez obala. Svako od nas je jedan talas u okeanu. Baš kao i u okeanu : talasi i voda su jedno ; isto tako, mi smo jedno sa Bogom. Mi smo otelotvorenje Boga.

Asurasi[12] su bili isključeni iz carstva *devas*[13] jer im je falilo *viveka*. Ljudsko biće, koje je otelotvorenje Boga, danas se ponaša kao *asura*. Mnogobrojni incidenti u prošlosti, a još više dogadjaji današnjice, dokazuju da se *asurasi* radjaju kao ljudska bića. Svakog dana čujemo razne činjenice koje blate ime naše drevne kulture – naše kulture koja podučava da se

---
[12] Demoni
[13] Nebeska bića

slave sve žene kao majke, kao Boginje, kao bliski prijatelji kojima možemo da otvorimo srce. Može li užasan tragičan dogadjaj koji se nedavno dogodio u Delhiju, biti bilo šta drugo, osim proizvoda *asurskog* razuma. Tokom istorije, nijedna kultura koja nije poštovala ženu nije bila u procvatu. Sva takva društva se raspadnu. Ako gledamo *Ramajanu* ili *Mahabharatu*[14] ili ako posmatramo prošli milenijum, vidimo da su velika carstva i hrabri carevi pali jer nisu poštovali ženu i materinstvo. Ova zemlja je poznavala velika odricanja, strogosti i milosrdje (*maha-tyaga, tapas i danam*) njenih *rišija*. Sada je pravi trenutak da gradjani Indije promene svoj mentalni sklop, svoj način razmisljanja. Ako odugovlačimo i još kasnimo, idemo pravo u provaliju.

Kada dete prolazi kroz faze u razvoju, kad pokušava da se okrene, da nauči da hoda puzeći i kad počne da hoda uspravno itd., ono liči na pravog ratnika koji nikad neće prihvatiti poraz. Ali dans, kad je postao odrasla osoba, prošao kroz zrelo doba, i stigao do penzije, ima mentalitet jednog poslovnog čoveka. Za njega

---

[14] Indijski epovi

je sve poslovno-komercijalnog karaktera, uključujući i medjuljudske odnose. Ko je odgovoran za takvo stanje? Naše društvo, naši roditelji, naši stariji, naš obrazovni sistem, naša slepa imitacija drugih i naš način života koji ne poštuje drevnu indijsku kulturu. Sve to stvara strah, anksioznost i kukavičluk. Čovečanstvo više nije u mogućnosti da vidi život kao avanturu i izazov sa kojim treba hrabro da se suoči. Razum više nije spreman da uoči postojanje drugih ni da uzme u obzir njihova osećanja.

Na našoj planeti danas živi oko sedam milijardi ljudi. Medjutim, skoro niko ne misli na druge. Nema ni prijateljstva, ni prave porodice, ni sloge. Napustili smo stado i svako od nas se ponaša kao neki poludeo slon koji ruši sve na svom putu.

U *Sanatana Dharmi*, Stvaraoc i stvoreno nisu odvojeni, oni su jedno. Baš kao što nema razlike izmedju zlata i zlatnog nakita, nema razlike izmedju Stvaraoca (Bog) i onoga što je stvoreno (svet). Posledica nikad ne može da se razlikuje od svog temelja, tj. razloga koji ju je prouzrokovao. *Sanatana Dharma* je jedina filozofija koja nas uči da vidimo *nara* (ljudsko bice) kao *Narajana* (Bog). To je jedina religija koja poštuje, slavi čak i aspekat bez forme, bez obeležja Boga (*nirguanam*). Uopšte nije važno koliko je čovek udaljen od njegove voljene, on je srećan kada meditira nad maramicom koju mu je ona dala. Ono što ga čini srećnim, nije ni tekstil ni vez koji ukrašavaju maramicu, nego sećanje na njegovu voljenu. Slično tome, bez obzira na to kakvu formu zamišaljmo da Bog ima, u suštini mi tada doživljavamo iskustvo božanskog prisustva, punog ljubavi.

Mi imamo dugu tradiciju da duboko poštujemo i da se divimo prirodi i svim živim bićima. Naši preci su gradili hramove i obožavali drveće, ptice, pa čak i otrovne zmije. Pčela nam izgleda veoma mala, ali bez tog majušnog bića oprašivanje cveća bi bilo onemogućeno i čitave biljne vrste bi iščezle sa lica Zemlje. Ako se pokvari motor aviona, on ne može da poleti. U suštini, gubitak jednog malog šrafa moze prouzrokovati isti efekat. Da li možemo da bacimo šraf, govoreći da je - za razliku od motora - on samo jedna mala beznačajna stvar? Zapravo, sve ima svoju funkciju i značaj. Ništa nije beznačajno.

Majka priroda, koja nas je obasipala svojim blagoslovom, kao *kamadhenu* - krava koja ispunjava svaku želju, postala je danas neka stara, iscrpljena krava.

Mi danas smatramo da je ideja o očuvanju životne sredine savremena. Kakva ironija, kad znamo da je zaštita životne sredine, jedan veoma stari deo naše kulture. Jedina razlika je u tome što smo ranije štitili prirodu jer smo znali da je sve što je stvoreno deo Boga. Kasnije smo odlučili da je takvo mišljenje primitivno i tada smo prestali da štitimo prirodu. Ali, danas, naš plan zaštite okoline ne uključuje ljubav prema prirodi i naše akcije nisu usmerene u slavu prirode. Zato svi naši napori u tom smislu nemaju uspeha.

Dve ptice razgovaraju na vrhu zgrade. Jedna ptica pita drugu : "Gde je tvoje gnezdo?" Druga odgovori : "Ja još nemam ni gnezdo, a ni porodicu. Ne uspevam da sakupim dovoljno soka iz cvetova da se prehranim. Pre par dana, odem u potragu za sokom i naidjem na divnu baštu ispred jedne kuće. Sva srećna, poletim u tom pravcu, ali kad sam se približila, videla sam da je to veštačka bašta i da je cveće ustvari plastično. Neki drugi put, opet primetim baštu sa raznobojnim cvećem. Ali kad sam htela da popijem sok iz jednog cveta, posekla sam kljun. Cvet je bio od stakla. Opet, jednog dana primetim baštu, ovog puta pravu baštu sa predivnim prirodnim cvećem. Veoma gladna, pojurila sam dole, ali sam se brzo zaustavila jer sam videla čoveka koji je raspršivao veštačko djubrivo i pesticide. Mogla sam da umrem. Vratila sam se razočarana. Ima toliko malo cveća, a i ono što postoji je takvo. Kako da se nadam gnezdu i porodici? Čime bih prehranila moje male ptiće?

Čuvši ovo negodovanje, njena prijateljica joj kaže : "Potpuno si u pravu. Već danima pokušavam da napravim gnezdo, ali ne mogu da nadjem grančice. Broj stabala se smanjuje. Ako ovako nastavi, moraću da sagradim moje gnezdo sa parčićima plastike i gvoždja."

Naša situacija je jednako patetična kao i kod ove dve ptičice. Nije dovoljno da imamo decu; potrebno je da im obezbedimo i sigurnu budućnost. Tokom poslednjih 25 godina, uništili smo 40% naših šuma. Količina postojećih goriva i vode se smanjuje. Oni koji će da dožive posledice toga su naša deca i unučići. Potrebno je da to shvatimo veoma ozbiljno, probudimo se i reagujemo. Naša omladina mora da bude u prvim borbenim redovima u kampanjama za očuvanje vode, energije i šuma.

Požuda je kao glad, postoji u svim ljudskim bićima. Ali ipak, u prošlosti, ljudska bića su zasnivala svoj život na duhovnim vrednostima i uspeli su da kontrolišu tu požudu. Kad je Amma bila dete, Damajanti Amma[15] je govorila : "Nikad nemojte da urinirate u reku, reka je Devi[16]". Kad bismo išli u lagunu da plivamo, čak i kad je voda bila hladna, sećali smo se njenih reči i uspeli smo da se kontrolišemo. Kada neko razvije odnos pun poštovanja prema reci, on je neće nikada oskrnaviti. Nažalost, danas je društvo izgubilo odnos prema vrednostima. Nedavni tragični dogadjaj u Delhiju je dokaz za to. Danas, omladina provodi svoje slobodno vreme tako

---

[15] Ammina majka
[16] Božanska Majka

što surfuje po internetu kako bi pronašla pornografske sadržaje. To je kao dolivanje ulja na vatru ; to samo povećava njihovu požudu. Neki adolescenti su čak priznali Ammi da su, pošto su gledali takve pornografske slike, imali bludne misli prema svojim sestrama. Oni gube svoju *viveku*. Njihovo stanje je kao ono kod pijanog majmuna koga je ugrizao škorpion, a potom pao kokosov orah na glavu. Njihovo stanje je slično raketi koja je privučena i zarobljena gravitacionim poljem Zemlje. Da bi se oslobodili od tog gravitacionog privlačenja, potrebna je raketa-inicijator duhovnih vrednosti.

Baš kao što roditelji grde i opominju svoju decu govoreći im "prestanite da se igrate i na učenje !" tako treba da insistiraju da njihova deca streme ka razvijanju duhovnih vrednosti. Dok su deca još mala i dok se još formiraju, majke treba odlučno da govore svojim ćerkama : "Budi neustrašiva, ne dozvoli nikome da te zgazi. Budi hrabrog srca". Isto tako, roditelji bi trebalo da uče svoje sinove da štite i da poštuju žene. U današnje vreme, mnogi muškarci su kao jednosmerni put ; treba da postanu autoputevi i da dozvole ženama da i one napreduju uporedo sa njima. Vlada moze da promeni zakon koliko god je neophodno da bi se uvele stroge kazne za one koji vrše silovanja. Ako ne učimo i ne formiramo našu decu u skladu sa tim vrednostima, nikakva promena se neće desiti. Vlada treba da organizuje sastanke u cilju pronalaženja najboljih načina za zaštitu uma naših mladih, koji je veoma podložan uticajima od previše eksplicitnih slika, materijala sa Interneta.

Ranije je odredjen društveno-korisni rad bio obavezan za svu decu u školama. Amma oseća da bi tu obavezu trebalo ponovo uvesti. Ako sve škole povedu svoje učenike da čiste ulice i sade drveće najmanje dva sata nedeljno, problem zagadjenja bi bio znatno ublažen. Tada bi se učenicima mogle davati i ocene za takav društveno koristan rad. To bi pomoglo deci da razviju svest u kojoj će usluga društvu, društveno korisni rad, biti sastavni deo njihovog ponašanja, dok su još u najranijim godinama i podložni formiranju.

Religija je danas postala stvar komoditeta koja se prodaje i na tržistu. "Ovo je religija dobrog kvaliteta ; a ova ovde, ništa ne vredi". To je kao da kažemo : "Moja majka je svetica, a tvoja je prostitutka". Religija ne treba da služi da bi se podizali zidovi, nego mostovi koji bi približili ljude . Zbog toga je potrebno da se svako trudi da razume suštinske principe religije - poruke mira i saosećanja. Na tom putu, život i učenje Swami Vivekanande treba da postane inspiracija za sve.

Na kraju, Amma želi da predloži nešto što bi, kako ona oseća, bilo korisno za celo naše društvo. Baš kao što su mladi lekari obavezni da prvu godinu svoje službe rade u ruralnoj sredini, slično tome bi, iz svake porodice najmanje jedno dete, trebalo da uradi isto. Vladine stipendije bi mogle da potpomognu ovakvu vrstu rada. Ovi mladi ljudi bi trebalo da žive sa siromašnim ljudima kako bi mogli da shvate probleme sa kojima se siromašni suočavaju i da se trude da pronadju način na koji bi mogli da im pomognu. Tako možemo da probudimo saosećanje kod mladih, da pomognemo starima, i da uspostavimo skladni i globalni razvoj zemlje. Takodje, kad bi penzioneri posvetili jednu godinu svog života pomažući siromašnima, to bi imalo još veći efekat za celu zemlju.

Ako zaista dobro razmislite, da li postoji bilo kakva razlika izmedju ljudskog bića i crva ? I crvi jedu, spavaju, vrše defekaciju, razmnožavaju se i na kraju umiru. Pošto smo dobili dragoceni poklon – ljudski život, zar ne želimo da učinimo ništa više od toga ? Ne. I ne samo to, pod uticajem negativnih osećanja kao što su : bes, ljubomora i mržnja, mi stvaramo nove tendencije ili *vasanas*[17]. Crvi, ako ništa drugo, bar to ne rade. To je tema o kojoj svi treba da razmišljamo.

Posvetimo svoj život za dobrobit i nama samima a i drugima. Bog je munji dao samo nekoliko momenata života. Takodje i dugi. Neki cvetovi cvetaju samo jedan dan. Pun Mesec traje do izlaska Sunca. Leptir živi samo nekoliko dana. Medjutim, tokom njihovog kratkog trajanja, oni daju toliko lepote i sreće svetu. Amma se moli da učimo iz njihovih primera i da pokušamo da iskoristimo svoje živote kako bi ovaj svet napravili još lepšim.

---

[17] Negativne tendencije

Obojimo svoje usne rečima istine. Uokvirimo svoje oči *anjanam*[18] saosećanja. Ukrasimo svoje ruke dobrim delima *henna*. Blagoslovimo naše umove slašću poniznosti. Ispunimo naša srca svetlom ljubavi prema Bogu i svim što je Bog stvorio. Na ovaj način, pretvorićemo ovaj svet u raj.

Indija bi trebalo da se uzdigne. Glas znanja, samo-spoznaje, i drevne reči naših *rišija* trebalo bi da se ponovo uzdignu i zazvuče širom sveta. Da bi se ovo postiglo, moramo da radimo zajedno u jedinstvu. Neka ova zemlja koja je svet učila pravom znanju prihvatanja ostane čvrsto vezana za tu vrlinu. Neka se zvuk *Sanatana Dharmine* trube ponovo začuje širom sveta. Swami Vivekananda je bio kao duga koja se pojavila na horizontu čovečanstva kako bi nam pomogla da razumemo lepotu i vrednost aktivnog života prožetog saosećanjem i meditacijom. Neka tako prelep san o ljubavi, neustrašivosti i jedinstvu koji je sanjao Swami Vivekananda postane realnost. Neka

---

[18] Kolirijum

Paramatman[19] da svakome snage da ovo postigne.

---

[19] "Vrhovna duša" - Bog

www.ingramcontent.com/pod-product-compliance
Lightning Source LLC
Chambersburg PA
CBHW070635050426
42450CB00011B/3215